The Secret of
Ngutang
Jurus Membangun Kekayaan dengan Utang

The Secret of
Ngutang

Jurus Membangun Kekayaan dengan Utang

Miming Phang

Penerbit PT Gramedia Pustaka Utama, Jakarta

KOMPAS GRAMEDIA

The Secret of **Ngutang**

Jurus Membangun Kekayaan dengan Utang

Oleh: Miming Phang

GM 20401100043

Editor:
Andry Kristiawan & Yustina Koen
(Bengkel Aksara)

Perancang sampul: Sandi Rizaldi
Layout & Ilustrasi: Zaenal Arifin

Penerbit PT Gramedia Pustaka Utama
Kompas Gramedia Building, Blok I Lantai 4–5
Jl. Palmerah Barat 29–37, Jakarta 10270
Anggota IKAPI 2010

ISBN: 978-979-22-5517-1

Dicetak oleh Percetakan PT GRAMEDIA, Jakarta

Isi di luar tanggung jawab Percetakan

DAFTAR ISI

PENDAHULUAN

Terkurung dalam trauma agaknya nyaris tidak ada bedanya dengan membiarkan diri menjadi sandera hantu. Bayang-bayang penderitaan di masa lalu ini sedemikian leluasa bergentayangan dan mencekam dalam ingatan. Tidak cukup itu, "makhluk" ini kemudian bahkan seolah-olah mampu mengintimidasi, "Jangan sekali-sekali menyentuhku lagi atau kau akan kulempar ke lembah kesengsaraan yang paling kelam."

Ibu saya ternyata sangat kenal dengan salah satu hantu yang oleh kebanyakan orang juga dipercaya sangat menakutkan. Hantu itu bernama utang. "Usahalah dengan benar. Jangan pernah pinjam uang, apalagi sampai memakai uang bank," begitulah pesan ibu berulang-ulang kepada saya sampai saat ini. Baginya, isi pesan itu seakan-akan jauh lebih berharga daripada apa pun yang pernah ia perjuangkan demi anak-anaknya.

Sekontras apa pun pandangan saya sekarang tentang utang, setiap kali mendengar pesan itu, saya tetap tidak berani mencibir ibu. Sedikit pun tidak. Ibu tidak mengada-ada. Pengalamannya mendampingi ayah bergelut dengan utang bisnisnya sungguh nyata dan getir. Ia bahkan masih harus bertarung menyelesaikan utang itu sekaligus menghidupi keenam anaknya setelah ayah meninggal. Tak pelak, saya pun menjadi salah satu saksi hidup dari ketegaran ibu, tetapi juga dari bagaimana trauma utang merasuki pikiran kami.

Dulu, konon, keluarga kami tergolong kaya. Ayah mampu menghasilkan banyak uang dari bisnisnya berdagang baut. Namun, ketika saya lahir, bisnis ayah sudah terpuruk. Kekayaannya habis, ditambah setumpuk utang. Alhasil, saya sebagai anak keempat pun tidak sempat merasakan seperti apa sesungguhnya kaya itu. Tinggal "konon katanya" sajalah yang saya tahu. Selebihnya, di sepanjang tahun-tahun berikutnya, yang saya ingat hanyalah kepanikan "gali lubang tutup lubang" dan kondisi keuangan keluarga kami mengalami pendarahan yang parah.

Dalam kondisi seperti itu, yang saya tahu, ibu saya berusaha keras mencari jalan keluar. Gagal bereksperimen membuat roti bolu kukus, ibu kemudian memproduksi dan menjual batagor. Ibu berusaha keras dan untunglah usahanya kali ini lumayan membawa hasil.

Kebetulan saya adalah anak laki-laki paling kecil, maka jadilah saya "orang pilihan" untuk membantu ibu. Pilihan itu jatuh pada saya mungkin karena waktu itu saya dianggap belum mengenal malu untuk pergi menitipkan batagor buatan ibu ke sejumlah penjual makanan di pasar. Begitulah setiap pagi saya menenteng keranjang belanja berisi batagor.

Ayah sendiri waktu itu mencoba membangun usaha lagi. Kali ini, ia membuat gulungan kain dari kayu. Namun, entah kenapa, usahanya tampaknya tidak berjalan lancar. Ada saja masalah, tetapi saya belum tahu apa persisnya. Yang saya tahu, pada pagi hari ketika ayah akan mulai bekerja, kami anak-anaknya sering diminta untuk mencari pinjaman uang pada orang-orang yang disebut oleh ayah.

Baru belakangan saya tahu, pinjaman uang itu ternyata dipergunakan untuk menutup tagihan giro bank yang sudah jatuh tempo. Jadilah kami sekeluarga menyaksikan bagaimana utang selalu berbuntut utang. Begitu terus hingga kami, terutama ibu, menjadi sangat trauma terhadap utang.

Suatu ketika, kejadian buruk menimpa kami. Rumah kami disita oleh bank dan dijual. Untungnya, hasil penjualan rumah itu masih menyisakan uang setelah dipotong utang ayah. Sisa uang itu masih bisa digunakan untuk membeli rumah lagi. Namun, karena jumlahnya tidak cukup untuk membeli rumah di sekitar daerah semula, kami sekeluarga harus pindah ke suatu daerah di pinggiran kota Bandung.

Di tempat yang baru, ayah kembali mencoba berjualan baut untuk kendaraan bermotor.

Namun, persoalan utang ternyata belum juga berakhir. Kepanikan untuk menutup utang tetap berlanjut dan nyaris menjadi pemandangan rutin di keluarga kami. Sudah begitu, orangtua saya pun masih harus memenuhi kebutuhan hidup dan sekolah keenam anaknya. Kami benar-benar susah dan tak tenang.

Saat itu saya tentu belum mengerti apa-apa tentang manajemen. Pikiran saya hanya mampu merekam apa yang terjadi kala itu. Belakangan, setelah beranjak dewasa, saya baru bisa memahami mengapa semua itu terjadi. Ayah agaknya terlalu fokus pada pelunasan utang sehingga ia berutang hanya untuk menutup utang. Ceritanya mungkin akan menjadi lain kalau ayah mendayagunakan utang untuk membangun aset melalui bisnisnya. Namun, bagaimana pun harus saya akui, pengalaman ayah telah memberi pelajaran berharga dan berguna kepada saya.

Selang sekian lama, kami kembali harus menelan pil pahit. Rumah kami lagi-lagi disita oleh bank. Kami terpaksa berpindah dan membeli rumah di daerah yang semakin jauh ke pinggiran dengan uang yang tersisa. Meski kami masih cukup beruntung punya tempat berteduh, hidup kami tetap ruwet. Utang sepertinya tak kunjung bosan mengejar dan menghantui kami. Dan, tragisnya, tak lama kemudian ayah meninggal dunia.

Praktis ibu saya kemudian menjadi tulang punggung keluarga seorang diri. Untunglah, ibu adalah orang yang tegar. Ia berjuang mati-matian menyelamatkan keluarga. Dengan penuh keuletan, ia berdagang. Berpacu dengan traumanya, ia mengumpulkan rupiah demi rupiah untuk melunasi utang-utang peninggalan ayah dan menghidupi keenam anaknya.

Sungguh tak terbayangkan apa jadinya kami kalau ibu menyerah. Waktu itu, kakak pertama saya belum lama bekerja, sementara kami yang lain masih sekolah. Saya sendiri masih duduk di SMA....

Merangkak Keluar dari Kurungan Trauma

Tahun 1988, terjadi keajaiban dunia kedelapan di salah satu sudut kota Bandung. Hampir tidak ada seorang pun yang mengetahui hal itu, kecuali saya dan keluarga. Keajaiban itu tak lain adalah bahwa saya berhasil menggenapi jenjang pendidikan formal saya menjadi lulusan "S3": SD, SMP, dan akhirnya SMA.

Bagi kebanyakan orang, capaian ini mungkin sama sekali tidak istimewa, apalagi ajaib. Lain halnya dengan saya. Kehidupan keluarga saya sampai saat itu masih susah sehingga ibu harus berusaha ekstra hanya untuk bisa melihat saya lulus dari jenjang pendidikan yang dianggap standar itu!

Dunia nyata berikutnya telah menanti. Dalam kondisi keluarga yang terlilit utang, angan-angan untuk kuliah tidak sedikit pun mampir di benak saya. Dan, untungnya, saya tidak merasa susah atau sedih, bahkan hingga sekarang. Yang terpikir hanyalah bagaimana saya segera mendapatkan pekerjaan, minimal untuk mengurangi beban ibu. Maka, begitu ada tawaran bekerja di sebuah *dealer* mobil, langsung saya sambar tanpa pikir panjang. Saat itu, sebagai lulusan SMA, saya merasa tidak punya banyak pilihan.

Di *dealer* tersebut, saya bekerja sebagai *salesman* mobil angkot (angkutan kota). Sebagaimana dialami kebanyakan pegawai biasa, semua berjalan serba rutin. Biasa saja, tidak ada pikiran yang disebut orang sebagai yang aneh-aneh. Saya belum bercita-cita, misalnya, punya mobil Mercedes keluaran terbaru atau rumah mewah. Terbersit sedikit pun tidak. Waktu itu, yang penting bagi saya adalah bagaimana target penjualan tiga mobil per bulan bisa tercapai agar pada bulan depannya saya tidak dipecat. Alhasil, suka atau tidak suka, saya harus berkeliling setiap hari untuk mencari konsumen. Mulai dari pagi sampai hari menjelang malam.

Rutinitas itu terus berjalan sampai saya bertemu dengan seorang teman lama pada 1996. Namanya Yong. Setelah mengobrol sebentar, ia menawari saya untuk menjualkan sejumlah ruko di kompleks miliknya sembari saya berkeliling memasarkan mobil. Terus terang, tawaran itu tidak terlalu saya perhatikan dan saya kemudian menyanggupinya hanya untuk melegakan hatinya. Tawarannya praktis hanya masuk ke kuping kiri saya, lalu keluar dari kuping kanan. "Ah, biar saja. Lagipula itu bukan bidangku," begitu pikir saya.

Saya bersikap demikian bukan karena gaji saya sudah cukup sehingga tidak perlu mencari penghasilan tambahan. Jelas bukan itu, melainkan karena saya masih menyamakan apa yang tidak biasa dilakukan dengan tidak bisa diupayakan. Konyol memang, saya menginginkan "yang pasti-pasti saja", padahal penghasilan dari cara yang biasa saya lakukan sudah pasti kurang.

Seminggu berlalu, tawaran itu menguap begitu saja. Sialnya, tanpa sengaja, saya berpapasan dengan

Yong di suatu tempat. Ia langsung menanyakan perkembangan penjualan ruko yang saya lakukan. Tahu akan ditanya seperti itu, saya berlagak lupa dan mengatakan akan menghubunginya lagi kalau ada calon pembeli yang berminat.

Yong tentu kecewa dengan tanggapan saya itu, dan karenanya ia menyebut saya tidak serius menjalankan kesempatan bisnis yang diberikan olehnya. Merasa terpojok, saya pun mengaku bahwa sesungguhnya saya tidak mengerti soal ruko karena "mainan" saya adalah angkot.

"Itu *kan* tawaran. Ya sudah, begini saja, kalau kamu malas menawarkannya, kamu beli saja ruko itu. Kamu *kan* sudah bekerja dari 1988. Uang tabunganmu pasti sudah banyak," kata Yong.

Wah, ini namanya serangan balik, begitu pikir saya. "Aku *nggak* mau bohong. Uang tabunganku *sih* pasti cukup," celoteh saya sekenanya. "Cukup kurang, maksudku. Uangku cuma Rp 13.500. Dengan uang segitu, mungkin aku akan bisa membeli ruko itu kalau aku boleh membeli engselnya dulu. Tapi, jelas *nggak* boleh, *kan*? Kamu tahu gaji *salesman nggak*? Cuma Rp 350 ribu per bulan. Jadi, kalaupun terus dikumpulkan selama delapan tahun dan tidak pernah diambil-ambil, gajiku *nggak* bakal cukup untuk membeli rukomu yang harganya Rp 120 juta itu. Kalaupun bisa *nyicil*, angsuran Rp 2,3 juta per bulan jelas jauh dari gajiku," balas saya berusaha mempertahankan harga diri.

Menyadari teman lamanya mulai geram, Yong dengan kalem berkata, "Itu cuma tawaran. Kalau kamu *nggak* mau, ya sudah. Tapi, omong-omong, kalau penghasilanmu setelah delapan tahun bekerja hanya segitu, apa kamu merasa *nggak* perlu berubah? Apa kamu *nggak* lebih baik bicara dengan kakakmu? Siapa tahu ia mau membantumu mengambil KPR untuk membeli ruko yang bisa kamu jadikan tempat usaha. Sementara itu, kamu bertanggung jawab membayar angsurannya, meskipun harus bekerja keras. *Toh*, kalaupun setelah sekian waktu usahamu *amit-amit* tidak bisa berkembang, kamu bisa menutupnya dan melepaskan rukomu. Kamu hampir pasti *nggak* bakal rugi karena nilai rukomu naik. Lagipula, ruko itu sendiri yang jadi agunanmu. Jadi sebetulnya kamu *nggak* kehilangan apa pun dan hampir *nggak* punya risiko."

Sesampainya di rumah, apa yang dikatakan Yong itu membuat saya berpikir. Memang sudah saatnya saya berubah, membuat hidup saya lebih baik. Saya sadar, berutang pada bank untuk membeli aset ternyata tidak sedemikian menakutkan seperti yang saya bayangkan selama ini. Selain itu, kalaupun saya harus bekerja menjalankan bisnis dan membayar cicilan, ruko itu *toh* akhirnya menjadi milik atau aset saya. Ini jelas lebih baik daripada bertarung habis-habisan mengejar target tiga angkot per bulan untuk orang lain demi mendapatkan gaji tetap tetapi selalu kurang dan tidak punya aset sendiri.

Pikiran ini membuat saya merenung lebih dalam dan berani bermimpi lagi. Ini sungguh pengalaman berharga yang selama ini saya anggap terlalu mewah. Mulailah muncul sejumlah gambaran di benak saya. Saya mengendarai mobil Mercedes terbaru milik saya sendiri. Punya rumah mewah di atas lahan ribuan meter persegi, lengkap dengan kolam renang di halaman belakang. Di halaman depannya yang hijau, terdapat sebuah jalan masuk yang diteduhi oleh pohon cemara yang berjejer di kiri-kanannya mulai dari pintu gerbang. Dalam segi finansial, uang selalu datang menghampiri, tidak hanya pada tanggal 28 setiap bulan saat menerima gaji. Dan masih banyak lagi.

Saya sungguh ingin impian-impian itu terwujud. Saya harus berubah dan berani melakukan terobosan. Dengan tekad itu, saya menemui kakak saya, menyampaikan masukan Yong. Untunglah, kakak saya setuju, bahkan berharap ruko dan usaha saya nantinya bisa menjadi kebanggaan keluarga. Ia pun segera mengurus segala hal untuk pengajuan KPR.

Sementara itu, setiap kali bertemu dengan teman yang punya bisnis, saya menawarkan kerjasama. Caranya, saya meminta mereka untuk mengisi barang dagangan di ruko saya sampai penuh, dan sayalah yang berjualan. Lalu, setelah satu setengah bulan, barang yang laku saya bayar, sedangkan yang tidak laku saya kembalikan.

Ternyata tidaklah mudah menemukan teman bisnis yang mau bekerja sama dengan cara seperti itu. Namun, ketika hampir putus asa, saya bertemu dengan seorang teman yang mendengar bahwa saya punya ruko. Kebetulan ayahnya sedang mencari tempat untuk membuka cabang usahanya. Mengetahui hal itu, dengan semangat, saya langsung mendatangi rumah ayah teman saya itu.

Tanpa banyak basa-basi, saya mengajukan penawaran kerjasama seperti sebelumnya. Mungkin karena melihat saya yang begitu semangat, ayah teman saya itu menyatakan minatnya, "Saya mau meminjami barang. Nilai seluruh barang untuk mengisi rukomu itu kira-kira Rp 16 juta. Tapi, syaratnya, kamu *nggak* boleh terima barang dari orang lain. Lalu, seluruh penghasilan disetorkan kepada saya. Nanti 20 persen dipotongkan untuk kamu. Mau?"

Merasa seperti mendapat durian runtuh, saya menyambut tawaran balik ayah teman saya itu dengan gembira. Namun, ketika saya tanyakan apa yang dijual, ia menyebut sejumlah nama barang yang bagi saya terdengar aneh, seperti *screen*, rakel, dan lain-lain. Itu ternyata adalah alat-alat sablon. Saya sama sekali tidak mengerti, bahkan saya mengaku baru mendengarnya saat itu. Seketika itu, saya sempat ragu.

Melihat keraguan saya, ayah teman saya itu menjelaskan, "Kamu *nggak* perlu mengerti. Saya sudah berdagang selama 30 tahun lebih. Dan saya *nggak* pernah mengerti apa yang saya jual. Masa bodoh dengan apa yang kita jual dan bagaimana menjualnya, asal halal. Bisnis bukan untuk dimengerti, tapi untuk dijalankan. Coba saja dulu tawaran saya. *Toh*, *nggak* ada risikonya."

Saya akhirnya mengikuti saran ayah teman saya itu. Sambil tetap menjalankan pekerjaan saya sebagai *salesman* mobil angkot, saya membuka toko, berjualan alat-alat sablon. Sebulan kemudian, kakak saya menelepon saya bahwa urusan dengan bank sudah beres. Kredit dari bank turun, dan itu berarti pada setiap tanggal yang sama di bulan-bulan berikutnya saya harus membayar cicilan sebesar Rp 2,3 juta!

Meski harus tertatih-tatih, siang-malam saya berusaha mengumpulkan uang dan mendongkrak omzet usaha saya. Tidak ada pilihan lain kecuali maju terus karena bom waktu kredit sudah berdetak, begitu pikir saya. Untuk menghemat pengeluaran, pada awalnya saya tidak menggunakan pegawai. Semua saya lakukan sendiri. Begitu terus sampai akhirnya saya memasuki sebuah fase penting dalam hidup saya....

Pembalikan Mindset: Gara-gara Purdi

11 Desember 2000, saya menikah. Ini jelas peristiwa istimewa yang sulit dibayangkan sebelumnya lantaran saya begitu sibuk berkutat memperjuangkan perubahan hidup melalui bisnis saya. Istri saya telah mengetahui perjuangan saya itu semenjak pertama kali kami berkenalan dan kemudian berpacaran. Setelah menikah, dia pun terlibat dalam usaha saya. Kami berdua mengembangkannya bersama-sama.

Pada 2002 akhir, ada seorang pembeli datang ke toko kami. Koran *Pikiran Rakyat*-nya tertinggal. Di dalamnya, tercantum sebuah iklan seminar yang mengatakan, "Ingin kaya? Jangan lama-lama jadi karyawan." Istri saya melihat iklan itu dan kemudian berkata kepada saya, "Ming, ikut seminar ini, yuk!"

Sambil ikut membaca iklan itu, saya menjawab, "*Nggak* ah. Aku *kan* sudah jadi pengusaha, bukan karyawan."

"Huh, sombong. Pengusaha *kok* susah, *nggak* kaya," balas istri saya telak.

"Ya sudah, kamu sajalah yang ikut seminar," kata saya berlagak bijak.

Istri saya pergi mengikuti seminar itu. Sepulangnya dari acara itu, kira-kira pukul 11.00

malam, saya dengan penasaran langsung menanyainya, "Gimana? Bagus *nggak* seminarnya? Apa saja yang dibicarakan?"

"Bagus. Kamu seharusnya tadi ikut. Yang dibicarakan banyak sekali. Aku *nggak* ingat seluruhnya. Tapi, bapak yang bicara di depan bilang bahwa otak kita punya dua bagian, otak kiri dan otak kanan. Yang kiri berkaitan dengan hitung-hitungan, sedangkan yang kanan antara lain berkaitan dengan keberanian. Nah, bapak itu juga mengatakan bahwa kita harus berani berutang. Sebab, berutang itu mulia dan indah," papar istri saya dengan wajah berseri-seri.

"Siapa nama pembicaranya?" tanya saya serius.

"Purdi Chandra."

"Coba telepon dia. Suruh dia datang ke sini.

Bakal kusiram dia pakai minyak dan kubakar sekalian!"

"*Lho, kok* emosi?"

"Gimana *nggak* emosi? Aku sudah mengalami punya utang selama bertahun-tahun. Sembarangan sekali dia *ngomong* berutang itu mulia dan indah. *Nggak* pernah ada kejadian, misalnya begitu bangun tidur, aku kemudian bisa bilang, 'Oh, indahnya utang.' Kalau orang itu belum mengalami hidup seperti diriku, jangan *ngomong* soal utang, *deh*. Hadapi aku dulu!"

"Ah, kamu payah, Ming. Otakmu cuma otak kiri."

"Sudah, sudah. Aku *nggak ngerti* apa itu otak kiri, otak kanan," timpal saya menutup pembicaraan dengan sewot.

Istri saya terus mengikuti seri kelas dari seminar itu. Dan pembicaraan kami hampir selalu berujung pada keributan setiap kali menyinggung apa yang diperoleh istri saya dari seminar. Bahkan dia pernah sampai menangis. Akhirnya, karena melihat kecenderungan seperti itu, istri saya pada suatu ketika mengatakan, "Aku lebih baik *nggak ngomong* lagi soal seminar daripada nanti ribut terus. Seorang pembicara sudah pernah mengingatkan hal itu. Yang ikut seminar, begitu pulang, bisa punya semangat yang berapi-api. Sedangkan yang di rumah hampir selalu menjadi pemadam kebakaran. Jadi, *nggak nyambung*."

"Wah, parah. Ini seminar macam apa, *kok* bisa sampai membuat rumah tangga orang jadi ribut? Ini pasti ada biang keroknya, ada terorisnya. Dan orang itu pasti Purdi Chandra," kata saya dalam hati.

Nah, untuk membuktikan dugaan saya itu, pada pertemuan minggu berikutnya, saya ikut bersama istri saya. Kami duduk di kursi paling belakang. Tak lama kemudian datanglah pembicaranya. Saya langsung berdiri dan bertanya kepada istri saya, "Itu Purdi Chandra?"

"Hus, bukan," tegur istri saya sambil menarik tangan saya agar duduk kembali. Ia kemudian secara singkat menjelaskan latar belakang pembicara yang juga pengusaha muda itu kepada saya.

Saya terkagum-kagum mendengar penjelasan istri saya. Saya yang tadinya emosi sekarang menjadi bersemangat. Minggu depannya, saya mengikuti kelas lagi. Yang tampil sebagai pembicara adalah seorang pemilik hotel. Bersama suaminya, ia memulai usaha dari ekspor mebel rotan ke Eropa, lalu punya hotel yang bernilai 120 miliar itu. "Wah, ini lebih hebat daripada pembicara minggu kemarin. Minggu depan, siapa lagi ya?" tanya saya dalam hati penasaran.

Tiba pada harinya, saya dengan semangat mengajak istri saya, "Ayo, kita sekolah."

Terheran-heran melihat polah saya, dia kemudian mengatakan, "Ee, jadwal kelas angkatan 1 sudah habis. Nah, ketahuan sekarang, kamu berminat ya Ming?"

"*Enggak*. Aku *kan* belum bertemu dengan Purdi Chandra. Aku benar-benar kesal dengan dia," jawab saya berkelit menjaga gengsi.

Istri saya kemudian menyarankan saya untuk ikut angkatan 2. Mengikuti sarannya, saya memintanya untuk mendaftarkan saya. Kebetulan pada saat kelas dibuka kembali, yang mendapat giliran menjadi pembicara adalah Purdi Chandra. Pada pukul 07.00 malam, orang yang saya sebut teroris itu datang. Perawakannya pendek, gendut. Bahkan karena begitu kesal padanya, di dalam hati, saya menyebut cara berjalannya seperti penguin.

Namun begitu, selama dia berbicara, saya mendengarkannya sampai sedetail-detailnya untuk menyelidiki apa saja pengetahuan dan pengalaman yang dimilikinya serta mengapa dia bisa mengubah *mindset* orang seperti istri saya. Termasuk soal otak kiri dan otak kanan. Begitu dia selesai berbicara, para peserta menghampirinya untuk bertanya-jawab. Saya pun ikut maju ke depan hanya untuk bertanya, "Pak, Bapak tidur di hotel mana?" Ditanya begitu, dia menjawab dengan ramah, "Di Hotel Panghegar."

Keesokan paginya, kira-kira pukul 07.30, pintu kamarnya saya ketuk. "Masih ingat dengan saya, Pak? Tadi malam saya ikut kelas Bapak. Nama saya Miming."

"Oh, iya. Ada apa? Ada yang bisa dibantu?" katanya.

"Ada, Pak. Pukul 08.00 ini saya akan buka toko dan saya *nggak* punya pegawai. Maka saya akan bicara *to the point* saja."

"Ya, ada apa?"

"Saya mau pinjam uang."

"Berapa?"

"Rp 3 juta, Pak."

"Buat apa?"

"Buat membayar cicilan ruko."

"Lho, untuk membayar cicilan ruko, *kok* pinjam kepada saya?"

"Ya, gara-gara Bapak seminar di Bandung, saya dan istri ikut dan membayar Rp 3 juta. Akibatnya, saya harus menunggak cicilan ruko."

"Oh, begitu. Berapa lama waktu menyicilnya?"

"Sepuluh tahun, mulai 1996 dan akan berakhir pada 2006 nanti, Pak. Sekarang baru 2003. Kalau dihitung-hitung, sisa cicilannya masih Rp 35 juta. Nah, lebih baik begini saja, Pak. Saya tidak hanya pinjam Rp 3 juta, tetapi Rp 35 juta sekalian untuk menebus sisa utang saya. Lalu, sertifikat ruko itu saya kasih ke Bapak."

"Jadi, kamu datang ke mari untuk pinjam uang agar utangmu lunas, ya?"

"Betul. Bapak mau *ngasih*?"

"Bukan masalah *ngasih* atau *nggak ngasih*. Masalahnya, caramu salah."

"Salah gimana, Pak?"

"Utangnya jangan dilunasi, tetapi di-*gedein*.

"*Ngomong*-nya enak saja. Menjalankannya setengah mati," kata saya dalam hati.

"Sekarang kamu pulang. Lalu, pergilah ke bank dan bilang bahwa kamu mau pinjam Rp 150 juta."

"Baik, Pak. Terima kasih."

"Nanti, kalau sudah dapat pinjaman atau ada masalah, kamu kontak saya," pesan Purdi Chandra menutup pembicaraan kami.

Sesampainya di toko, saya langsung bercerita kepada istri saya. "Aku tadi mendatangi Purdi Chandra di hotel untuk pinjam uang."

"Dikasih *nggak*?"

"*Nggak*. Dia pelit, dasar keturunan Yahudi," seloroh saya, "Dia malah bilang, utang kita jangan dilunasi, tapi di-*gedein*. Lalu, aku disuruh untuk pinjam Rp 150 juta ke bank sekarang."

"Ya sudah, pergi saja ke bank sekarang."

Saya terkejut dengan tanggapan istri saya. "Lho, bukannya kita bisa tambah pusing? Utang Rp 120 juta saja sudah membuat kita pusing. Bisa-bisa, dengan utang Rp 150 juta, kita jadi pusing kuadrat. *Nggak*, *nggak* ah."

"*Ngapain* kita pusing-pusing. Kita contek saja cara orang yang sudah berpengalaman."

"Baiklah. Kalau kamu mendukung, aku berangkat ke bank. Tapi, kamu harus bersumpah, susah-senang kita selalu bersama lho ya!"

Istri saya hanya terdiam.

"Kamu *kok* diam saja?"

"Ming, kamu menikah denganku tahun berapa?"

"Tahun 2000 akhir."

"Sekarang tahun berapa?"

"Tahun 2003."

"Itu berarti sudah tiga tahun. Sekarang aku tanya, pernah *nggak* kita senang?"

Ooops! Habislah saya. Pertanyaan itu benar-benar menghunjam. Saya hanya bisa tersenyum kecut. Dan daripada bertambah malu, saya pun segera pergi ke bank.

Terus terang, ini bukan saja pertama kali saya mengajukan permohonan kredit sendiri. Namun, ini juga pertama kali saya mendengar saran untuk memperbesar utang daripada melunasinya. Seperti halnya orangtua saya, selama ini saya berpikir untuk sesegera mungkin melunasi utang dan terlepas darinya. Purdi Chandra benar-benar telah menjungkirbalikkan cara berpikir saya tentang utang.

Sejauh digunakan dengan cerdas dan untuk tujuan bisnis, demikian diajarkan oleh pendiri *Entrepreneur University* (EU), utang itu mulia dan indah. Disebut mulia karena dengan berutang kepada bank, kita memberikan keuntungan kepadanya sehingga antara lain pegawainya bisa mendapatkan gaji. Dan disebut indah karena utang dapat menjadi *leverage* yang luar biasa ampuh untuk membangun kekayaan kita.

Melalui buku ini, saya ingin berbagi dengan Anda tentang bagaimana memanfaatkan utang untuk membangun kekayaan. Pada bab-bab berikutnya, Anda akan mempelajari:

- *Mindset* seperti apa yang perlu Anda miliki berhadapan dengan utang sehingga Anda dapat memperoleh manfaat darinya;
- Betapa sesungguhnya bank sangat membutuhkan Anda untuk menjadi debitur alias pengutang, serta bagaimana langkah-langkah menembus bank untuk mendapatkan pinjaman;
- Beberapa strategi memanfaatkan utang untuk membangun kekayaan.

Saya menjamin buku ini tidak akan mengubah hidup Anda, kecuali jika Anda segera *take action*! Perubahan bukanlah untuk sekadar dipikirkan, melainkan untuk dilakukan. *Just do it!*

PELAJARAN #1

BERANI BERUBAH, BERANI BERUTANG

Untuk jadi pengutang yang cerdas dibutuhkan *mindset* yang cerdas juga. Nah, dalam bab ini, saya ingin berbagi *mindset* atau sikap seperti apa yang perlu Anda miliki terhadap utang dalam membangun kekayaan. Namun, sebelum itu, mari kita lihat dua sikap ekstrem yang dimiliki oleh kebanyakan orang.

Ekstrem #1: Trauma

Pinjam-meminjam sebenarnya adalah hal biasa. Namun, hal itu ternyata bisa berbalik 180 derajat ketika sampai pada soal meminjam uang alias berutang. Bagi sebagian orang, berutang ternyata tidak sesederhana urusan meminjam hal lain. Berutang sering kali membuat orang terganggu tidur nyenyaknya, bahkan terbukti sering menjadi biang kerok kasus insomnia atau kasus bunuh diri.

"Utang *tuh* sumber segala masalah," begitu kesimpulan sebagian orang. Saya pun pernah merasakan hal yang sama. Ibu saya sering berpesan, "Usahalah dengan benar. Jangan pernah pinjam uang, apalagi sampai pakai uang bank." Pernyataan ibu saya ini adalah salah satu contoh "kebijaksanaan" yang lahir dari betapa mencekamnya trauma terhadap utang. Dan ibu saya pernah berjibaku melawannya dan berusaha keras menyelamatkan keluarga.

Nggak ada yang salah dengan rasa takut itu. Itu sah-sah saja. Lagian, kita juga *nggak* bakalan ketemu dengan orang yang berani dalam segala hal. Ketakutan itu memang tidak mengada-ada, mulai dari soal kemampuan membayar cicilan dan pokok utang, penagih yang bertampang seram, penyitaan, sampai gunjingan para tetangga yang kadang bikin panas telinga. Ketakutan semacam ini akan membuat siapa pun yang mengalaminya mau tak mau ber-"akrab"-ria dengan stres. Dan karenanya, lingkaran setan pun semakin melilit dan hidup terasa kian sulit.

Namun, kalau kita mau sedikit menelusur, masalah sebenarnya bukan pada trauma terhadap utang itu, melainkan pada solusinya. *The problem is not the problem, but how to solve the problem*, demikian kata orang bijak.

Pada dasarnya, siapa pun ingin ingin keluar dari bayang-bayang hitam yang menghantuinya. Dari Pak Purdi E.Chandra, saya belajar banyak tentang hal ini. Menurut beliau, untuk menyelesaikan utang, fokus kita seharusnya bukanlah pada pelunasan utang, melainkan pada membangun kekayaan dan membuat utang bekerja untuk kita. Sebaliknya, semakin dijadikan fokus, utang justru akan semakin menelikung kita.

Ekstrem #2: Pesta Pora

Mereka yang masuk dalam kategori ini adalah kaum penghambur. Mereka berpikir, tak ada uang, utang pun jadi, apalagi demi kenikmatan dan kesenangan. Kaum ini mungkin akan dicibir oleh mereka yang berada di ekstrem #1. "Ya, sekarang ia boleh saja kelihatan *keren*. Tapi lihat *aja* nanti, ia pasti *nyesel*."

Demi sesuatu yang diinginkan, meskipun sebenarnya tidak dibutuhkan, kelompok ini rela menggesek kartu kredit yang bunganya mencekik. Mulai dari pakaian, sepatu, perhiasan, *handphone*, *laptop*, hingga mobil. Dorongan belanja ini pun semakin menggila ketika mereka melihat ada program diskon yang fantastis dan provokatif.

Prinsip "*low profile, high profit*" tidak ada dalam kamus hidup mereka. Dibilang "jadul" oleh teman atau dianggap tidak setara dengan tetangga sebelah merupakan pertaruhan yang terlalu berat bagi harga diri mereka.

Dahsyatnya lagi, di antara mereka ini ada juga yang termasuk kaum *shopaholic* (pecandu belanja). Buat mereka, belanja telah menjadi kebutuhan itu sendiri! Hidup terasa tidak lengkap jika tidak berbelanja. Kepuasan mereka bukan saja pada barang yang mereka beli, melainkan juga pada keberhasilan mendapatkannya. Dan, lagi-lagi, entah membayar secara kontan atau berutang, itu tidaklah masalah buat mereka.

"Yang penting *happy*. Hidup harus dinikmati. Apa salahnya *sih* sedikit memanjakan diri setelah bekerja keras membanting tulang?" begitu kata mereka. Dan mereka pun terbuai oleh gairah dan kebutuhan belanja yang memang mendapat dukungan besar dari perbankan ini.[1]

1 Menurut catatan harian *Kompas* (27 April 2009), hingga akhir 2008, jumlah kartu kredit yang diterbitkan oleh 20 bank di Indonesia mencapai sekitar 11 juta kartu dengan pertumbuhan lebih dari 200 ribu kartu setiap bulannya. Dan pada tahun tersebut, volume transaksi kartu kredit mencapai Rp 107 triliun, melonjak 48 persen dari tahun sebelumnya (*Kompas*, 1 Mei 2009)! Mengapa sektor konsumsi ini menjadi primadona dalam pembiayaan perbankan? Sebab, selain lebih mudah dalam proses pemberian kredit dan menjaring nasabah, kredit konsumsi juga menjanjikan keuntungan yang sangat gurih bagi perbankan. Untuk kredit tanpa agunan (KTA), misalnya, dengan *cost of funds* maksimal 8-9 persen, bank bisa menjual kredit dengan bunga 48 persen per tahun. Dan luar biasanya, dalam empat tahun terakhir, kredit konsumsi tumbuh hingga 142,99 persen, mengungguli pertumbuhan kredit investasi (115 persen) dan kredit modal kerja (136,37 persen).

Dalam kondisi seperti itu, kaum penghambur tampak seperti orang yang sangat optimis. Mereka tidak risau apakah mereka akan mampu mengembalikan utang mereka. Bayar *minimum payment* setiap bulan pun jadi. *Nggak* perlu *mikir* total utang dan bunganya. Yang penting dapat barang bagus dengan mudah. *That's it*! Bahkan, celakanya, dengan berbagai fasilitas kredit konsumsi, mereka justru merasa memperoleh penghasilan tambahan!

Nah, dalam buku ini, saya tentu tidak ingin mengajak Anda untuk jadi pelit, termasuk pada diri sendiri. Saya setuju, Anda tetap berhak memimpikan dan menikmati gaya hidup yang Anda dambakan. Anda pun *nggak* perlu menggunting kartu kredit Anda.

Dalam bab lain di buku ini, saya akan menjelaskan bahwa fasilitas kredit dan kartu kredit yang Anda peroleh punya daya ungkit luar biasa. Keduanya dapat membantu Anda membangun kekayaan sehingga memungkinkan Anda tetap bisa menikmati gaya hidup yang Anda inginkan. Bukan hanya pada saat ini, tetapi juga di masa depan. Ingat, sebagian dari mereka yang berada di ekstrem #1 pada kenyataannya adalah mantan kaum penghambur yang tidak mampu bertahan di ekstrem #2.

Utang dan Tujuan Finansial Anda

Kecenderungan mereka yang berada di ekstrem #1 maupun di ekstrem #2 sama-sama mencerminkan masih rendahnya melek finansial. Utang sama-sama belum disikapi sebagai bagian dari kecerdasan finansial yang sangat penting bagi kualitas hidup. Mereka yang berada di ekstrem #1 cenderung ngeri dan trauma dengan utang.

Buat mereka, utang adalah malapetaka finansial. Sedangkan mereka yang berada di ekstrem #2 condong asyik berpesta di atas kecerobohan finansial.

Kedua macam sikap tersebut tentu tidak menguntungkan. Misalnya, ada si A dan si B yang masing-masing berada di ekstrem #1 dan ekstrem #2. Mereka berdua sama-sama ingin punya rumah sendiri karena saat ini mereka masih tinggal di kompleks RMI (Rumah Mertua Indah). Kemudian, mereka diberitahu bahwa ada sebuah buku yang mengajarkan bagaimana cara mendapatkan properti tanpa modal dan malah dapat uang lebih atau *cash back*. Buku itu berjudul *Property Cash Machine: Langkah Cerdas Membangun Kekayaan melalui Properti Tanpa Modal* (Gramedia Pustaka Utama, 2009) karya teman saya, Joe Hartanto.

Sebagai orang yang berada di ekstrem #1, si A mungkin saja tidak tertarik dengan buku itu. Apalagi, ia mendengar bahwa penulisnya menganjurkan untuk memanfaatkan dana pihak ketiga, yaitu bank. Baginya, itu sama saja dengan berutang. Ia boleh dibilang alergi dan bahkan takut dengan utang dan bank lantaran pengalaman buruk ayahnya.

Ia berpikir, ketimbang berutang, lebih baik mengontrak rumah dulu dan menabung sebanyak-banyaknya hingga rumah yang diinginkan terbeli secara kontan. Anda tentu sulit membayangkan sampai kapan si A harus berkejaran dengan harga rumah yang ia inginkan. Padahal, harga properti terus menanjak dan tabungannya terus tergerus oleh inflasi. Dengan demikian, selama tidak mengatasi traumanya dengan utang dan fokus pada rumah impiannya, si A tentu akan rugi sendiri.

Sekarang mari kita beralih kepada si B yang berada di ekstrem #2. Mendengar bahwa ia bisa mendapatkan *cash back* dengan cara yang ditawarkan oleh Joe, ia mungkin akan langsung melompat kegirangan. Pikirnya, ia tidak saja akan memperoleh properti tanpa mengeluarkan uang, tetapi juga mendapat uang gratis. Yang disebut terakhir inilah yang paling penting baginya. Ia kemudian merasa bisa seenaknya membeli barang-barang konsumtif yang ia incar selama ini.

Persis di sinilah titik kritis yang diwanti-wanti oleh Joe. Dalam bukunya itu, teman saya ini berulang kali menekankan bahwa *cash back* tersebut hanya boleh dipergunakan untuk tujuan produktif, bukan konsumtif. Barang yang dibeli haruslah aset yang menghasilkan dan nilainya terus meningkat. Dan kalaupun *cash back* digunakan untuk bisnis, Anda harus memastikan bahwa bisnis itu memiliki sistem yang telah teruji dan terbukti menguntungkan, bukan usaha rintisan. Nah, selama si B tidak mengubah sikapnya terhadap utang, bukan untung yang ia dapat, tetapi malah buntung.

Dari contoh di atas, Anda mungkin akan bertanya, "Oke. Kalau kedua ekstrem itu tidak menguntungkan, bagaimana saya harus bersikap terhadap utang?" Terus terang, saya tidak ingin buru-buru menjawab pertanyaan ini. Saya justru ingin mengajukan pertanyaan dulu kepada Anda: Apakah kondisi finansial Anda saat ini sudah memuaskan bagi Anda? Apakah Anda masih perlu beranjak dari kondisi saat ini ke kondisi finansial yang lebih baik, atau bahkan mencapai kebebasan finansial? Lalu, kalau jawabannya ya, mengapa Anda perlu berubah?

Jawaban Anda atas pertanyaan-pertanyaan tersebut sangat penting. Sebab, pembahasan mengenai sikap yang semestinya terhadap utang hanya akan relevan dan bermanfaat sejauh Anda masih punya tujuan finansial yang ingin Anda raih. Kalau Anda sudah merasa cukup dengan kondisi finansial Anda saat ini, utang tentu menjadi tidak perlu, bukan?

Selain itu, orang sering mengatakan bahwa kita perlu berani berutang. Namun, mereka juga sering lupa bahwa begitu ada kendala, keberanian itu mudah pupus kalau kita tidak punya tujuan atau alasan yang kuat. Jadi, menurut hemat saya, keberanian untuk berutang akan efektif kalau kita punya tekad dan keberanian yang tak tergoyahkan untuk meraih tujuan finansial atau bahkan kebebasan finansial.

Dengan demikian, jelas bahwa kita perlu menyikapi utang sebagai alat dan berutang sebagai langkah taktis yang mendukung pencapaian tujuan finansial atau kebebasan finansial. Itu berarti, utang tidak lagi perlu ditempatkan sebagai momok yang menakutkan maupun sebagai "uang kaget" yang bisa membuat kita tergelincir.

Ibaratnya, di satu sisi, kita tidak perlu menuding utang sebagai sumber masalah karena itu sama saja dengan menyalahkan raket ketika bola menyangkut di net. Di sisi lain, kita juga tidak perlu silau dengan utang karena itu sama halnya Anda menyorotkan senter ke mata sendiri, bukan menggunakannya agar Anda tidak terperosok dalam mencapai tujuan.

Dengan tujuan yang jelas seperti itu, sudah pasti utang yang Anda pilih adalah apa yang disebut sebagai utang lancar atau utang baik. Inilah jenis utang yang mendukung Anda untuk membangun aset yang menghasilkan kekayaan terus menerus untuk Anda.

Selain itu, utang lancar melibatkan pihak lain dalam melunasinya untuk Anda. Contoh sederhananya adalah utang untuk membeli ruko yang kemudian disewakan. Utang itu jelas bukan uang Anda dan uang untuk melunasinya juga tidak berasal dari kantong Anda sendiri, melainkan dari pembayaran sewa. Sudah begitu, ruko itu menjadi milik Anda dan nilainya terus menanjak setiap tahun.

Nah, dalam hal utang lancar ini, saya punya pengalaman menarik yang akan saya bagikan di bab lain dalam buku ini.

Berkebalikan dengan utang lancar atau utang baik, utang macet atau utang buruk akan membuat Anda miskin. Meskipun barang yang Anda beli dengan utang jenis ini membuat Anda tampak berkelas, Anda sesungguhnya akan terus merogoh kocek Anda dan nilai kekayaan Anda akan surut.

Contohnya adalah utang untuk membeli *handphone*. Selama Anda gunakan hanya untuk memperlihatkan diri Anda tidak ketinggalan zaman, *handphone* itu bukanlah aset Anda. Nilai *handphone* jelas terus menyusut, apalagi sekarang tren alat komunikasi ini cepat berubah.

Menyadari hal ini, menurut cerita teman saya, seorang pemilik perusahaan properti besar di Indonesia hingga beberapa tahun yang lalu bahkan tidak pernah mengganti *handphone baheula*-nya yang pernah mendapat julukan "HP sejuta umat". "Yang penting, dengan alat ini, saya bisa dihubungi," kata si pengusaha itu kalem pada teman saya.

Bagaimana? Anda sudah ingin menggunakan utang lancar untuk membangun kekayaan dan mencapai kebebasan finansial? Anda ingin mengubah utang menjadi aset Anda? Nah, sebelum itu, mari kita mengenal lebih jauh sumber yang karena bisnisnya sangat senang jika Anda berutang: BANK.

PELAJARAN #2

BANK MEMBUTUHKAN ANDA

Anda mungkin bertanya-tanya dengan judul di atas. Saya tidak salah tulis. Bank memang sangat senang jika Anda berutang padanya! Maka, jika Anda menyandang predikat debitur atau pengutang di bank, itu bukanlah posisi yang memalukan. Anda mestinya justru bangga.

"Lho, gimana to, Pak? Ngutang kok bangga? Posisi kita kan memohon bantuan dari bank? Masak orang minta nggak malu sih, Pak?"

Dulu saya juga merasa begitu. Namun, ternyata sikap seperti itu salah. Kata "kredit" berasal dari kata bahasa Latin "credere" yang berarti percaya. Jadi, kalau Anda mendapat kredit, itu berarti Anda mendapat kepercayaan. Sama sekali bukan pengemis.

Bank adalah lembaga intermediasi alias perantara. Jadi, ia menjadi penghimpun dan penyalur dana masyarakat. Sebagai penghimpun dana, bank harus memberi bunga kepada nasabahnya. Nah, pertanyaannya, dari mana ia bisa membayar bunga tersebut? Sebagian besar berasal dari pemasukan bunga pinjaman yang disalurkan kepada pengutang.

Nah, itu berarti semakin besar utang Anda dan tidak macet, bank akan semakin mencintai Anda. Dan Anda pun semakin dihormati. Bahkan, Anda bisa menjadi rebutan antarbank. Sebaliknya, tanpa pengutang, roda bisnis bank tidak akan berjalan, tidak menghasilkan untung, dan tidak mungkin membayar gaji pegawainya. Itulah sebabnya **Purdi E. Chandra**, penebar virus "cara gila jadi pengusaha" dari *Entrepreneur University* (EU) bilang bahwa berutang itu mulia.

"Wah, Pak, kalau benar begitu, saya benar-benar kecewa *deh*," kata salah satu murid saya.

"Lho, kenapa?"

"Iya, kenapa tidak dari dulu saya berutang pada bank untuk mencapai tujuan finansial saya."

Anda *nggak* perlu kecewa. Tidak ada kata terlambat. Kini saatnya Anda *take action* untuk memanfaatkan alat yang punya daya ungkit luar biasa ini. Sekali lagi, menjadi pengutang bukanlah menjadi pengemis. Jadikan diri Anda pengutang yang diperebutkan oleh bank. Mereka sungguh membutuhkan Anda!

Sebelum Mengajukan Kredit

Anda pernah mendengar istilah "bonek" (*bondho nekat*) alias modal nekat? Sebutan untuk suporter kesebelasan Persebaya ini rasanya sangat pas diberikan kepada saya ketika pertama kali pergi ke bank untuk mengajukan kredit. Tidak ada yang saya bawa, kecuali badan saya. Itu saja. Waktu itu, saya tidak tahu apa saja yang perlu saya siapkan sebelumnya. Buta sama sekali.

Belakangan saya baru tahu bahwa sikap *bonek* seperti itu ternyata tidak ada salahnya juga. Dalam hidup ini, sering kali lebih baik bertindak dulu dan tahu kemudian daripada sudah tahu tetapi tidak berbuat apa-apa! Lagipula, dalam hal ini, saya tidak merugikan atau mencelakai siapa pun. Tanpa banyak berpikir, saya hanya fokus dan mengambil tindakan untuk mengubah hidup saya melalui bisnis saya. "Ah, masa bodoh. Pokoknya, *just do it*. Yang penting dapat duit," pikir saya saat itu.

Apakah pengetahuan Anda sekarang tentang pengajuan kredit ke bank sama melompongnya dengan saya waktu itu? Anda tidak perlu khawatir. Terbukti Anda tidak sendirian. Setelah mengajukan kredit, saya baru mengetahui bahwa bank membutuhkan sejumlah informasi dari calon debitur yang memiliki usaha dalam bentuk:

1. Salinan identitas diri pengurus perusahaan (direktur dan komisaris)
2. Salinan NPWP (Nomor Pokok Wajib Pajak)
3. Salinan SIUP (Surat Izin Usaha Perdagangan)
4. Salinan Akte Pendirian Perusahaan dari notaris
5. Salinan SITU (Surat Izin Tempat Usaha)
6. Salinan TDP (Tanda Daftar Perusahaan)
7. Salinan rekening koran/giro atau buku tabungan (3-6 bulan terakhir)

8. Data keuangan: neraca keuangan, laporan rugi-laba, catatan penjualan dan pembelian harian, dan data lainnya.

Sepintas daftar di atas tampak panjang sekali. Dan inilah yang sering kali membuat orang berpikir bahwa menembus bank untuk mendapatkan kredit itu ribet dan sulit. Dulu saya juga berpikir begitu. Namun, setelah menyelaminya lebih jauh, saya menarik kesimpulan bahwa dengan daftar persyaratan itu bank sesungguhnya hanya ingin mengenal calon debiturnya. Ini sama halnya dengan saat Anda akan meminjamkan uang, apalagi dalam jumlah besar, kepada teman Anda. Anda merasa perlu benar-benar mengenalnya, bukan?

Lebih dari itu, daftar persyaratan tersebut jelas tidak sebanding dengan tujuan yang ingin saya raih dengan utang yang akan saya peroleh. Ibaratnya, Anda tentu tidak akan terlalu memusingkan permintaan istri Anda yang sedang mengidam. Seaneh apa pun permintaannya, Anda akan berusaha keras memenuhinya. Yang penting, istri dan anak Anda bahagia.

Begitu pula halnya dalam urusan pengajuan kredit ke bank. Kesediaan Anda untuk memenuhi daftar persyaratan tersebut akan mengirimkan sinyal awal kepada bank bahwa Anda serius dengan usaha Anda dan tidak akan main-main dalam mengelola utang yang diberikan kepada Anda. *Toh*, kalaupun terasa sedikit repot, hampir semua persyaratan itu hanya perlu diurus satu kali seumur hidup, tetapi bisa dimanfaatkan berulang kali.

"Lalu, bagaimana kalau usaha saya belum punya sistem administrasi keuangan yang tertib? Apakah saya masih punya peluang untuk mendapatkan kredit?" Anda tidak perlu berkecil hati. Ketika mengajukan kredit pertama kali, saya tidak punya laporan keuangan usaha. Bahkan ketika ditanya soal laporan rugi-laba oleh pihak bank, saya tidak mengerti sama sekali.

Namun, kemudian saya mengetahui bahwa di bank ada yang dikenal sebagai *account officer*. Petugas yang pekerjaannya menganalisis kelayakan usaha ini memang ahli dalam membuat berbagai macam laporan, termasuk laporan rugi-laba. Bahkan kalau Anda diminta melampirkan uraian profil perusahaan Anda dan proposal kredit, petugas ini bisa membantu Anda. Untuk itu, bank hanya membutuhkan kerjasama, keterbukaan, dan kejujuran Anda. Berikan saja semua informasi yang diminta oleh bank. Mudah, bukan?

Jangan Mau Rugi: Dapatkan Konsultasi Gratis

Anda sebagai calon debitur tidak kalah dengan seorang calon presiden. Untuk memenangi pilpres, seorang capres membutuhkan tim sukses.

Begitu pula Anda dalam mencapai tujuan finansial Anda dengan berutang. Nah, untuk itu, bank bisa Anda jadikan tim sukses Anda, bahkan sejak sebelum bank memutuskan untuk memberikan kredit atau tidak. Untungnya lagi, berbeda dengan capres, Anda tidak perlu mengeluarkan modal sepeser pun alias gratis!

Inilah manfaat yang bisa Anda rasakan justru kalau Anda terbuka dan jujur. Dengan bersikap demikian dalam mengungkapkan tujuan Anda berutang, pihak bank dapat memberikan konsultasi yang tepat untuk perkembangan usaha Anda. Dalam kaitan ini, salah satu hal penting saat mengajukan kredit, terutama bagi Anda yang masih awam dengan seluk beluk perbankan, adalah skema kredit. Bank punya banyak skema kredit, dan untuk jenis yang sama, namanya bisa berbeda-beda di bank yang satu dan yang lain.

Skema kredit yang tepat membuat utang Anda efektif karena mendukung dan sesuai dengan tujuan Anda. Utang yang Anda terima pun tidak akan membebani Anda. Sebagai contoh, skema kredit modal kerja cenderung cocok untuk bisnis perdagangan umum dan jasa.

Selain fleksibel dalam hal angsuran pokoknya, skema ini biasanya menggunakan sistem plafon tetap atau sistem rekening koran sehingga Anda hanya wajib membayar bunga atas jumlah uang yang riil digunakan, bukan atas plafon kredit. Itu berarti, Anda bisa mengatur sendiri kredit Anda hanya untuk kebutuhan bisnis yang muncul pada suatu waktu. Namun, meskipun dapat diperpanjang, skema ini berlaku untuk jangka pendek, biasanya satu tahun.

Lain halnya kalau Anda ingin membeli kendaraan operasional, membangun cabang usaha yang baru, atau merenovasi pabrik. Untuk tujuan ini, bank biasanya memberikan skema kredit investasi. Walaupun dalam hal proyek yang sangat besar dapat dinegosiasikan, jangka waktu pelunasan kredit ini bersifat pasti, mulai dari satu sampai sepuluh tahun. Namun, penentuan jangka waktu tersebut tergantung pada arus kas debitur agar tidak membebaninya. Pencairan kredit ini bisa sekaligus, tetapi untuk proyek yang terdiri dari beberapa tahap dilakukan per termin.

Kedua skema kredit usaha tersebut tentu berbeda dengan skema kredit konsumsi. Kredit kepemilikan rumah (KPR), misalnya, mewajibkan debitur untuk membayar angsuran pokok dan bunga secara bulanan.

Beberapa jenis skema kredit di atas barulah sebagian. Nah, daripada bingung dan malah merugi, mengapa Anda tidak memanfaatkan konsultasi gratis dari pihak bank saja? Lagipula, bukan hanya soal skema kredit yang bisa Anda konsultasikan di seputar pengembangan bisnis Anda. Masih ada banyak hal lain yang perlu Anda gali. Anda tidak perlu sungkan atau takut karena bank jelas sangat berkepentingan dengan kesuksesan bisnis Anda.

Ssst! Inilah yang Dianalisis oleh Bank

Jika Anda telah mengajukan kredit dan menyerahkan semua persyaratan yang diminta, bank akan melakukan apa yang disebut analisis kredit. Nah, untuk memuluskan langkah Anda mendapatkan kredit, Anda juga perlu mengetahui apa saja yang akan dianalisis sebelum bank memutuskan mengucurkan dananya untuk Anda.

Ada lima C yang menjadi pokok analisis kredit tersebut:

- *Character* (karakter). Inilah hal yang paling penting dan menentukan apakah empat C berikutnya perlu dianalisis atau tidak. Bank tentu menyukai calon debitur yang berkarakter baik, entah dalam kehidupan pribadi, sosial, ataupun bisnis. Dengan melihat karakter Anda, bank terutama ingin memastikan bahwa Anda adalah tipe orang yang beritikad baik untuk menunaikan kewajiban Anda kepada bank.

- *Capital* (modal). Calon debitur harus memenuhi syarat *self-financing* atau SDS (*sharing* dana sendiri). Hal ini mencerminkan kemandirian dan tanggung jawabnya. Dalam pembiayaan bisnis, bank pada prinsipnya berfungsi sebagai pendukung. Kebutuhan modal tidak seluruhnya dipenuhi oleh bank. Dari pihak calon debitur, modal bisa berwujud tabungan di bank, akumulasi keuntungan sejak awal usaha, stok, tanah, bangunan, kendaraan, dan sebagainya.

- *Capacity* (kapasitas). Yang dilihat dalam analisis ini adalah kemampuan calon debitur dalam menjalankan dan mengelola usahanya sebagaimana tercermin dari kinerja di masa lalu hingga sekarang dan potensi usaha di masa yang akan datang. Analisis ini mencakup soal pengelolaan usaha, keterampilan, strategi pemasaran, kualitas produk, manajemen sumber daya manusia, dan masih banyak lagi.
- *Collateral* (agunan). Hal ini berkaitan dengan prinsip kehati-hatian bank. Agunan dimaksudkan untuk menjamin pemenuhan kewajiban debitur dan pelunasan kredit. Meskipun lebih menyukai agunan milik debitur sendiri,

bank tetap terbuka terhadap agunan pihak lain, misalnya sertifikat tanah atas nama orangtua, saudara kandung, atau anak.

- *Condition of economy* (kondisi perekonomian). Hal ini meliputi situasi makro ekonomi, politik, sosial, dan sebagainya yang diperkirakan dapat mempengaruhi keberlangsungan usaha debitur.

Anda tidak perlu khawatir dengan analisis kredit ini. Lagi-lagi kerjasama, keterbukaan, dan kejujuran Anda kepada bank memegang peran kunci.

Anda Dibutuhkan, Anda Berhak Jeli

Sewaktu masih kecil, Anda mungkin pernah berusaha merayu ayah-ibu Anda dengan misi untuk meminta uang. Segala cara Anda lakukan untuk menarik simpati mereka. Bahkan kalau proses ini butuh waktu berhari-hari, Anda rela menjalaninya.

Lalu, karena luluh melihat upaya Anda, mereka akhirnya mengabulkan permintaan Anda. Seketika itu, Anda mungkin langsung melompat kegirangan, cipika-cipiki, dan mengucapkan terima kasih. Namun, bahwa mereka kemudian menyebutkan sejumlah "persyaratan", hal itu tidak begitu Anda perhatikan. Sambil mengeloyor pergi dan tanpa berpikir panjang, Anda dengan senyum manis hanya mengatakan, "Oke, Bos."

Katakanlah sekarang kredit Anda sudah turun. Sudah sewajarnya Anda bergembira. Namun, sikap seperti yang diceritakan di atas tentu tidak tepat dalam konteks ini. Bagaimana pun juga bank bukanlah dermawan yang mengucurkan dana gratis.

Bank memang membutuhkan Anda, tetapi juga terikat oleh kewajiban untuk menerapkan prinsip kehati-hatian. Setelah mereka melakukan analisis kredit secara saksama, segala hal yang berkaitan dengan kredit yang diberikan diatur dan dituangkan secara mendetail dalam sebuah perjanjian kredit.

Nah, pada saat disodori perjanjian inilah, Anda tidak boleh kehilangan kejelian Anda. Sebagian dari kita mungkin merasa bahwa bersikap jeli terhadap perjanjian itu sama saja dengan menunjukkan diri sebagai pribadi yang rewel dan tidak tahu terima kasih.

Bukan itu masalahnya. Seperti telah disampaikan di awal bab ini, sebagai debitur atau pengutang, Anda bukanlah pengemis. Anda adalah mitra bank, maka Anda boleh, bahkan perlu, sehati-hati dan sejeli bank. Itulah sebabnya, sejak awal mengajukan kredit, Anda pun perlu memposisikan diri seperti calon partner bisnis yang sedang menjajaki kemungkinan kerjasama.

Sebelum penandatanganan perjanjian kredit, di antara Anda dan pihak bank, memang sudah terjadi pembicaraan dan negosiasi secara lisan.

Namun, biasanya yang disinggung di dalamnya adalah hal-hal yang bersifat umum, seperti suku bunga, jangka waktu, jatuh tempo pembayaran bunga dan pokok, plafon kredit, waktu penyerahan bukti kepemilikan agunan, dan sebagainya.

Di luar itu semua, pada kenyataannya, sering kali ada banyak klausul spesifik yang sebelumnya tidak terpikirkan oleh debitur, tetapi tercantum dalam perjanjian kredit. Dan boleh jadi klausul itu berkaitan dengan kewajiban Anda terhadap bank. Akibatnya, meskipun hanya gara-gara tidak jeli membacanya dan sama sekali tidak bermaksud melanggar, Anda bisa dianggap melakukan wanprestasi yang mungkin akan mempersulit Anda jika ingin memperbesar kredit, misalnya.

Oleh karena itu, tips berikut ini penting untuk Anda perhatikan dan lakukan. *Pertama*, pastikan Anda benar-benar memahami setiap klausul yang tertulis dalam perjanjian kredit. Bahkan kalau ada istilah-istilah yang tidak Anda mengerti, mintalah penjelasan yang seterang-terangnya.

Kedua, pastikan kesepakatan yang telah dicapai dalam pembicaraan dan negosiasi lisan antara Anda dan bank telah dimasukkan dalam perjanjian secara jelas. Cek juga apakah data yang diperlukan telah ditulis dengan benar. Bagaimanapun petugas bank yang mengurus perjanjian tetaplah manusia yang mungkin saja melakukan kesalahan.

Ketiga, sejauh tanda tangan Anda belum tertera, Anda masih bisa menegosiasikan klausul yang Anda rasa memberatkan dan tidak mungkin Anda penuhi. Bahkan kalau ada klausul yang Anda anggap merugikan, Anda berhak membatalkan. Ingat, bank dan Anda sama-sama mitra yang seharusnya saling menguntungkan.

Didukung oleh cara berkomunikasi dan niat yang baik, kejelian semacam itu tidak sama dengan curiga terhadap bank. Sebaliknya, dengan bersikap jeli, bukan tidak mungkin bank justru melihat Anda sebagai orang yang memang serius dalam menjalankan bisnis.

Bukan Lembaga yang Boleh Sewenang-wenang

Hitam, besar, garang. Persepsi tentang sosok *debt collector* inilah yang pada umumnya langsung menyergap benak debitur yang terpaksa menunggak. Belum lagi bayangan tentang pandangan para tetangga jika mereka melihat sosok itu datang menyambangi rumah si debitur. Situasi seperti ini pulalah yang membuat sebagian orang enggan berurusan dengan bank untuk berutang.

Terpaksa menunggak pembayaran utang sesungguhnya tidak serta merta menunjukkan bahwa Anda adalah orang yang tidak bertanggung jawab. Anda tidak otomatis adalah seorang pengemplang. Keterpaksaan ini bisa disebabkan oleh berbagai macam faktor. Bisnis sekecil apa pun pada dasarnya tidak pernah bebas dari risiko.

Bank sendiri, sekalipun telah melakukan analisis kredit yang cermat terhadap Anda, menyadari bahwa bisnisnya tetap menghadapi risiko, antara lain, pembayaran utang yang tidak lancar. Debitur sebonafid apa pun yang dimilikinya tetap mungkin mengalami hal itu.

Berbicara mengenai masalah ketidaklancaran pembayaran utang ini berarti kita perlu memahami dulu kategorisasi kualitas kredit atau yang di dunia perbankan disebut sebagai kolektibilitas kredit.

Menurut ketentuan yang dikeluarkan oleh Bank Indonesia, ada lima kategori kolektibilitas, yaitu:

- Kolektibilitas lancar (*pass*): kategori untuk kredit yang pembayarannya benar-benar lancar, baik dalam hal pembayaran bunga maupun angsuran pokok.

- Kolektibilitas dalam perhatian khusus (*special mention*): kategori untuk kredit yang tunggakan bunga dan pokoknya mencapai maksimal 90 hari.

- Kolektibilitas kurang lancar (*substandard*): kategori untuk kredit yang tunggakannya lebih dari 90 hari hingga 120 hari.

- Kolektibilitas diragukan (*doubtful*): kategori untuk kredit yang tunggakannya lebih dari 120 hari hingga 180 hari.

- Kolektibilitas macet (*loss*): kategori untuk kredit yang tunggakannya telah mencapai lebih dari 180 hari.

Dari kategorisasi tersebut, jika lama tunggakan Anda masuk dalam kategori 3 sampai 5, kredit Anda akan digolongkan sebagai *non performing loan* (NPL). Dan, sebagai catatan, hampir semua bank memang punya kebijakan untuk tidak mengambil alih (*take over*) kredit yang tergolong NPL ini.

Namun, pada prinsipnya, seperti yang pernah saya alami, apabila sekarang Anda berada dalam situasi menunggak, yang perlu Anda jadikan fokus justru bukanlah tunggakan itu sendiri. Tetaplah pusatkan perhatian pada bisnis Anda sehingga bank mengetahui bahwa Anda senantiasa berusaha dan serius memperbaiki kondisi Anda. Sejalan dengan itu, tunjukkan komitmen nyata untuk mengangsur, mematuhi peraturan bank, membangun komunikasi yang baik (antara lain senantiasa dapat dihubungi oleh bank, tidak menghindar), dan selalu bersikap baik.

Dalam kondisi seperti ini, bank sesungguhnya bukanlah pihak yang perlu Anda takuti. Di dunia perbankan, untuk mengatasi kondisi ini, dikenal dua alternatif solusi, yaitu restrukturisasi kredit dan penyelesaian kredit.

Alternatif yang pertama, yaitu restrukturisasi kredit, dilakukan oleh bank terhadap debitur yang usahanya dianggap masih berpotensi untuk pulih dan berkembang lagi. Untuk itu, ada beberapa pilihan cara yang bisa diambil. Contohnya, *pertama*, menaikkan plafon kredit. Dalam hal ini, bank memberikan suntikan dana segar yang diharapkan dapat membangkitkan kembali usaha debitur. Dengan demikian, debitur dapat menutup kewajibannya, termasuk yang tertunggak. *Kedua*, memberikan tingkat suku bunga yang lebih rendah sehingga beban angsuran bunga si debitur berkurang. *Ketiga*, menjadwal ulang pembayaran angsuran pokok pinjaman sehingga debitur dapat memfokuskan dana yang dialokasikan untuk angsuran itu guna memulihkan usaha lebih dulu. Dan masih banyak lagi.

Sedangkan alternatif yang kedua, yaitu penyelesaian kredit, diambil oleh bank apabila usaha debitur dipandang sudah tidak mungkin dipulihkan kembali. Namun, dalam menjalankan langkah ini, bank tidak bisa bertindak gegabah dengan cara yang sewenang-wenang. Dengan memperhatikan itikad baik debitur untuk memenuhi kewajibannya, bank harus menempuh tiga cara.

Pertama, penyelesaian secara damai. Dalam hal ini, bank akan memberikan solusi seperti menjadwal ulang pembayaran angsuran bunga, pokok, dan denda, memperingan tingkat suku bunga dan/atau denda, mengurangi pokok pinjaman, dan menyarankan penjualan agunan di bawah tangan.

Kedua, penyelesaian melalui jalur hukum. Cara ini dilakukan jika cara pertama sudah tidak mungkin ditempuh. Ujung dari penyelesaian ini memang adalah likuidasi agunan. Namun, yang sering disalahpahami adalah bahwa bank bisa begitu saja menyita katakanlah properti yang Anda jadikan agunan. Tidaklah demikian prosesnya. Bank harus menempuh prosedur hukum yang berlaku. Bila penyelesaian ini akan dilakukan lewat pengadilan umum, bank harus lebih dulu mengajukan somasi, izin eksekusi agunan, dan gugatan perdata jika agunan belum diikat sepenuhnya. Begitu pula jika dilakukan melalui pengadilan niaga, bank harus mengajukan tuntutan kepailitan.

Ketiga, penyelesaian dengan bantuan pihak ketiga, misalnya asuransi. Cara ini bisa ditempuh apabila kredit Anda dilindungi dengan asuransi kredit atau asuransi jiwa kredit.

Nah, dengan penjelasan di atas, saya harap Anda sekarang bisa memahami bahwa bank bukanlah lembaga yang boleh bertindak secara sewenang-wenang. Sama sekali tidak menakutkan, bukan? Tentu penjelasan tersebut tidak saya maksudkan agar Anda bisa menggunakan utang dengan seenaknya, melainkan agar Anda memiliki arah yang lebih jelas dalam mendayagunakan utang untuk mencapai tujuan finansial Anda.

Sampai sejauh ini, apakah Anda semakin kecewa karena mengapa tidak sejak dulu berutang kepada bank untuk mencapai tujuan finansial Anda? Baik, saya sekarang akan menambah kekecewaan Anda itu dengan membagikan pengalaman saya membangun kekayaan dengan menggunakan utang dari bank dalam dua bab berikut ini. Anda pasti akan menyimpulkan bahwa orang biasa seperti saya saja bisa, apalagi Anda....

PELAJARAN #3

MENGUBAH UTANG MENJADI ASET

Masih ingat dengan cerita ketika saya pertama kali mengajukan permohonan kredit ke bank setelah bertemu dengan Purdi Chandra? Jujur, saat itu, saya sesungguhnya tidak tahu bank mana yang harus saya tuju. Acuan saya hanyalah bank besar, karena saya pikir itulah yang akan paling gampang memberi pinjaman. Saya langsung menemui petugas bank untuk meminjam Rp 150 juta.

Petugas itu memberitahu saya bahwa ada sejumlah persyaratan yang harus saya penuhi. Dia menyebutkan satu per satu seperti yang telah saya jabarkan di Pelajaran #2 (lihat bagian "Sebelum Mengajukan Kredit"). Gilanya, saya tidak punya satu pun syarat yang disebutkan, karena saya sama sekali tidak tahu. Maka, selain surat-surat yang dikeluarkan oleh instansi, saya meminta bantuan pihak bank, terutama soal laporan rugi-laba. Saya cukup menjawab dengan jujur pertanyaan yang diajukan dan menyerahkan semua bon yang berkaitan dengan usaha saya.

Setelah melengkapi semua persyaratan, sebulan kemudian saya menerima surat dari bank. Pada intinya, surat itu mengatakan bahwa permohonan kredit saya ditolak. Pada hari itu juga, dengan membawa surat tersebut, saya mendatangi bank itu. Saya mengambil kembali semua berkas yang pernah saya serahkan, termasuk laporan rugi-laba yang telah tersusun dengan rapi.

Begitu keluar dari bank itu, saya melihat ada banyak bank lain berjejer di tepi jalan yang sama. Merasa kepalang tanggung, saya masuk ke bank lain untuk mengajukan kredit. Persyaratan yang harus dipenuhi sama, dan karena sudah membawa semuanya, saya tinggal menyerahkannya kepada petugas bank. Saya kemudian pulang, dan pengajuan kredit saya diproses.

Beberapa waktu kemudian, saya mendapat kabar bahwa pengajuan kredit saya disetujui. Bank memberi kredit modal kerja sebesar Rp 100 juta dengan sistem pinjaman rekening koran atau PRK (soal sistem ini telah saya jelaskan di Pelajaran #2 di bagian "Jangan Mau Rugi: Dapatkan Konsultasi Gratis"). Namun, karena sertifikat saya masih dipegang oleh bank pemberi pinjaman KPR, saya harus menebusnya dulu, yakni sebesar Rp 35 juta. Istilahnya, KPR saya di-*take over*. Maka, dengan sistem PRK, saat itu yang harus saya bayar hanyalah bunga atas uang yang riil saya gunakan, yaitu 1,2 persen x Rp 35 juta = Rp 420 ribu. Itu berarti cicilan KPR sebesar Rp 2,3 juta per bulan yang menggelayuti saya selama 7,5 tahun tercoret. Selamat tinggal.

Kemudian saya menarik Rp 40 juta lagi untuk membeli mesin cetak. Mesin itu bisa memberi penghasilan Rp 40 ribu sampai Rp 60 ribu per hari atau sekitar Rp 1 juta per bulan. Sementara itu, bunga yang harus saya bayar saat itu adalah (Rp 35 juta + Rp 40 juta) x 1,2 persen = Rp 900 ribu. Meskipun beban bunga yang harus saya tanggung bertambah, penghasilan dari mesin cetak (Rp 1 juta) sudah bisa menutupnya. Jadi, sekarang bisnis saya tidak punya beban lagi. Utang menjadi bekerja untuk saya, bukan saya bekerja untuk utang.

Melihat perkembangan bisnis yang seperti ini dan di dompet kredit saya masih ada Rp 25 juta, saya menghubungi Purdi Chandra untuk berkonsultasi. Pada prinsipnya, dia menyarankan saya untuk selalu memasukkan dulu semua hasil bisnis saya, entah dari hasil penjualan alat sablon, dari pembayaran order cetak, atau lainnya, ke bank. "Jangan pernah dipotong di jalan. Kalau butuh, baru ambil," katanya. Dari rekening ini, bank bisa melihat dan menilai perputaran bisnis yang terjadi.

Saya diminta untuk fokus mengembangkan bisnis sehingga perputaran uang semakin meningkat dan positif. Empat bulan kemudian, dengan konsultasi yang intensif, dia kemudian menyarankan saya untuk mengajukan kredit sebesar Rp 300 juta.

Bank ternyata mengabulkan pengajuan kredit saya dan mengucurkan dana sebesar Rp 200 juta. Dana ini saya gunakan untuk membeli mesin cetak warna. Perputaran bisnis saya semakin bagus. Enam bulan kemudian, saya datang lagi ke bank dan meminjam Rp 600 juta. Bank bersedia memberi kredit sebesar Rp 500 juta, tetapi dengan syarat jaminan saya harus ditambah.

Saya menyampaikan kabar ini kepada istri saya. "Bank minta tambahan jaminan. Padahal, nilai ruko kita saja *nggak* sampai segitu. Sebaiknya kita gimana ya?"

Dengan enteng, istri saya kemudian mengatakan, "Lho, jaminan kita banyak. Lihat ruko-ruko sebelah *kan* kosong semua."

Mendapat ide itu, saya langsung mendatangi Yong, si pemilik kompleks ruko itu. "Yong, ruko-ruko di sebelah rukoku akan dijual *nggak*?"

"Ya masih dijual."

"Sekarang berapa harga jualnya?"

"Rp 180 juta."

"Ada konglomerat baik hati asal Bandung yang mau membelinya tanpa menawar."

"*Beneran*? Harus *ngasih* komisi ke kamu *nggak*?"

"*Nggak* perlu. Konglomerat itu sekarang ada di depanmu. Aku," jawab saya sambil berseloroh.

Saat itu juga, fotokopi sertifikat dan IMB saya bawa ke bank. Setelah diperiksa, bank menilai dua ruko sudah cukup untuk dijadikan jaminan saya.

Beberapa waktu kemudian, bank mengucurkan pinjaman Rp 500 juta itu.

Bisnis saya terus berjalan. Terakhir saya punya mesin cetak seharga Rp 650 juta. Untuk pengembangan usaha, saya tidak membeli ruko lagi, tetapi mengontraknya dengan harga Rp 10 juta per tahun. Total jumlah ruko yang saya gunakan mencapai tujuh unit.

Kemudian saya memindahkan percetakan saya ke sebuah lokasi di kompleks industri. Luasnya 2.000 meter persegi dan bernilai Rp 1,8 miliar. Selain itu, saya juga memiliki rumah senilai Rp 1,2 miliar, rumah kos senilai 1,1 miliar, dua rumah kecil yang masing-masing bernilai Rp 300 juta, serta sebuah tanah kebun senilai Rp 300 juta. Itulah aset-aset saya. Sedangkan total utang saya adalah Rp 3,8 miliar. Perputaran bisnis percetakan saya mencapai Rp 10 miliar setahun. Saya juga punya tujuh lembaga bimbingan belajar, tujuh gerai *laundry* kiloan, serta salon.

Itu semua adalah hasil hitungan tahun lalu. Sekarang pabrik saya sudah selesai dibangun dan bernilai Rp 2,5 miliar, sedangkan rumah saya bernilai Rp 1,5 miliar. Dengan demikian, kedua aset ini saja sudah bisa menutup seluruh utang saya. Di luar itu, saya masih punya aset lain, belum termasuk kendaraan dan mesin cetak.

Jadi, berangkat dari pengalaman saya ini, yang memperbesar kekayaan kita adalah aset. Menurut hemat saya, jika bisnis tidak menghasilkan untung, tidak masalah, asal tidak rugi dan bisa menutup cicilan utang. Nilai utang tidak akan berubah, tetapi nilai aset akan terus meningkat. Nah, pertanyaannya sekarang, apakah Anda ingin berubah dan berani melakukan terobosan dengan mendayagunakan utang untuk membangun kekayaan Anda?

PELAJARAN #4

MEMBANGUN BISNIS BESAR BERMODAL KARTU KREDIT

Kalau kita melakukan bisnis, pilihannya hanya kaya atau sukses. Tidak ada kata miskin dalam kamus kita. Pada 2006, saya bertemu seseorang bernama Rahmat.

Rahmat bilang, "Pak, saya mau bisnis."

"Bisnis apa?"

"Minimarket."

"Bagus," kata saya. "Ada modal berapa?"

"*Nggak* ada, Pak. Saya cuma pegawai biasa."

"O, gitu. Gajimu berapa?"

"Tiga juta, Pak."

"Besar, dong. *Udah* berapa lama bekerja?"

"Lima tahun, Pak. Saya bosan begini terus, Pak. Saya *pengen* punya bisnis sendiri untuk nambah penghasilan. Tapi itu tadi, Pak, modalnya *nggak* ada."

"Oke. Kalau *nggak* punya modal, kamu punya tempat *kan*?"

"O, tempat ada, Pak. Rumah saya lebarnya 5 meter, pakai tembok. Nanti di rumah saya tinggal *gantungin* sampo dan sabun detergen."

"Wah, itu *mah* warung, bukan minimarket!" kata saya.

"Tahu, Pak. Yang penting, saya *pengen* punya penghasilan tambahan."

Akhirnya, Rahmat buka warung dengan memakai sebagian hasil tabungannya. Sebulan kemudian, dia datang ke kantor saya.

"Pak, boleh *ngobrol*?"

"Boleh. Bagaimana minimarketnya?"

"Hancur habis," katanya.

"Hancur habis gimana?"

"Sehari paling cuma dapat Rp 20-30 ribu. Itu pun omzet, bukan keuntungan. Belum lagi barang dagangan banyak diambil anak saya. Kalau mau sekolah, dia ambil *Chiki*. Pulang sekolah, minum teh botol. Sorenya makan *Taro*. Sekarang duit dan barangnya habis. Jadi, gimana dong, Pak?"

"Emang target omzet kamu berapa *sih* dari buka minimarket?"

"Yah, omzet Rp 1 juta sehari cukuplah, Pak. Dengan begitu, sebulan saya bisa dapat untung Rp 3 juta."

"Terus, gimana cara supaya omzet kamu bisa segitu?"

"Ya, mestinya tempatnya *nggak* di rumah lagi. Mestinya pakai kios di pinggir jalan besar. O, ya, Pak. Sebenarnya ada kios bekas warnet di pinggir jalan besar dan sudah berkaca gitu. Tempat itu *dikontrakin* Rp 8 juta per tahun, Pak. Ukurannya 4 x 7 meter."

"Ya *udah*, kontrak *aja*."

"Ya, Pak. Tapi, uangnya dari mana? *Kalo* ada uang *sih* gampang. Tinggal kontrak, buka, kontrak, buka."

"Ya *udah*, itu motor dijual *aja*."

"Yah, Pak. *Kalo* itu motor saya, sudah saya jual sejak lama, Pak. Tapi, itu *kan* motor mertua. Kalau dijual, pasti ributlah."

"Gimana kalau sertifikat rumahmu digadaikan? BPR pasti mau."

"Yah, kalau itu rumah saya, sudah saya jual, dan saya beli rumah di real estat, Pak. Tapi, itu *kan* rumah mertua."

"Yah, motor punya mertua, rumah juga punya mertua. Ngomong-ngomong, kamu kawin pakai modal apa?"

Rahmat cengar-cengir. Ternyata, dia kawin dengan modal seperangkat alat sholat. Itu pun dibelikan istrinya.

"*Trus*, gimana, Pak?"

"Kamu *ajuin* kartu kredit deh! Sekarang kamu pulang. Setiap kali lewat bank, ambil aplikasi kartu kredit."

Hari berikutnya Rahmat datang lagi. "Pak, ini aplikasinya. Saya dapat delapan lembar, Pak. *Trus*, *diapain*?"

"Ya, diisilah, *masak* dimakan? Hehehe…. Isi persis sesuai KTP. Jangan ada yang salah sedikit pun. Isi semua."

"Jenis usaha karyawan atau wiraswasta, ya Pak?"

"Kamu karyawan, kan? Tulis karyawan. Gajimu berapa tadi?"

"Rp 3 juta."

"Tulis persis."

"Nama yang bisa dihubungi siapa, Pak?"

"Tulis nama saya. Delapan aplikasi ini dibuat sama persis, difotokopi, lalu tempel dekat telepon di rumahmu. *Trus*, aplikasi yang asli kamu kasih ke bank. Kira-kira, dua minggu kemudian pasti ada verifikasi dari bank. Mereka akan tanya tentang aplikasi kreditmu itu. Jawab semua pertanyaan persis dengan yang tertulis di fotokopi aplikasi."

Singkat cerita, permohonan kartu kreditnya disetujui semua. Dari tujuh kartu, dia kira-kira mendapat Rp 17 juta. Delapan jutanya dipakai untuk mengontrak, dan sisanya untuk isi tokonya. Sekarang, Rahmat sudah punya minimarket. "Beres sudah tugas saya," begitu pikir saya.

Bulan depannya, Rahmat menelepon saya. "Pak, sebagai ucapan terima kasih, saya akan memberikan bingkisan kepada Bapak."

"Ya, saya tunggu."

Dia datang ke kantor saya. Mau tahu apa yang dia bawa?

"Ini, Pak, hadiahnya."

"Terima kasih. Apa ini?"

"Hadiah dari bank, Pak. Tagihan Rp 17 juta."

"Ya, *udah*. Bayar dong."

"Wah, *gimana* dong, Pak? *Kan* uangnya sudah habis buat buka toko."

"Ya, kamulah yang harus bayar, kamu *kan* yang pakai. *Inget nggak* kamu punya delapan kartu kredit? Dan yang kedelapan saya bilang jangan dipakai, *inget*, *nggak*?"

"*Inget*, Pak."

"Mana kartunya?"

"Ini, Pak. Buat apa?"

"Ambil uangnya, semua."

Dia mengambil uang *cash*, dan mendapat Rp 3 juta.

"*Trus*, uang ini buat apa, Pak?"

"Bayar tagihan kartu kredit yang ke-1. Trus, uang dari kartu kredit yang ke-1 untuk membayar kartu kedua, begitu seterusnya."

Sekarang, Rahmat telah punya dua minimarket, tiga kios *laundry*, satu ruko, dua rumah yang masing-masing bernilai Rp 90 juta-an, dan satu mobil *Panther*. Total omzetnya telah mencapai Rp 120 juta. Semua itu dia capai hanya dalam waktu 1,5 tahun dan hanya dengan memanfaatkan perputaran kartu kreditnya.

PENUTUP

Utang memang hanyalah alat. Namun, kalau digunakan dengan cerdas dan tepat, kekuatannya sungguh luar biasa dan dapat memberikan manfaat besar. Saya dan teman-teman di Entrepreneur University (EU) telah membuktikannya. Dengan menggunakan dana pihak ketiga, seperti bank, modal tidak lagi menjadi masalah kalau Anda tahu strateginya dan *take action*.

Lebih dari itu, berdasarkan pengalaman saya dan teman-teman, yang sebagian telah terungkap dalam buku ini, ketiadaan modal (uang) bukanlah kendala yang sesungguhnya untuk mulai berwirausaha. Jika benar-benar ditelusur, kendala itu sering kali justru terletak pada diri kita sendiri: kita belum sungguh memutuskan untuk berubah dan berani mengambil langkah terobosan. Itulah yang saya alami dulu ketika masih berkutat dalam trauma terhadap utang dan merasa nyaman dengan posisi saya sebagai *salesman* yang telah memberikan penghasilan yang pasti (meskipun pasti kurang).

Jadi, tidak punya modal bukanlah alasan. Apalagi, sumber-sumber pendanaan bisnis tersebar di sekitar kita. Bank, misalnya, jelas adalah pihak yang sangat suka jika kita berutang padanya. Bahkan mereka terbukti sering saling berebut dalam mendapatkan debitur alias pengutang. Mengapa Anda tidak menjadi pihak yang diperebutkan oleh mereka dan memanfaatkan situasi itu untuk membangun kekayaan Anda? Indah, bukan?

Itulah realitas kehidupan kaum kaya raya. Utang lancar mereka justru membuat mereka semakin kaya. Bukan mereka yang bekerja untuk utang, melainkan utanglah yang bekerja untuk mereka. Berbeda dengan mereka yang berada di ekstrem #1 maupun di ekstrem #2 seperti telah dijelaskan dalam Pelajaran #1, utang kaum kaya raya benar-benar produktif dan diorientasikan pada aset. Oleh karena itu, mereka tidak takut terhadap utang, tetapi juga tidak sembrono.

Strategi yang dibagikan dalam buku ini sudah tidak lagi menjadi rahasia bagi Anda. Dengan demikian, Anda dapat mempraktikkannya untuk mencapai tujuan finansial Anda. Seperti telah saya sampaikan di awal, buku ini tidak akan mengubah hidup Anda, kecuali jika Anda *take action*. Praktikkan apa yang Anda baca, maka Anda akan merasakan sendiri manfaatnya. Kemahiran terbentuk bukan karena Anda banyak tahu, tetapi karena Anda banyak melakukan.

Selamat berutang dan selamat membangun kekayaan Anda!